# Pankh Pareeniti

## Farsh se Arsh ki Udaan

Ashita Shivnani

BookLeaf Publishing
India | USA | UK

Made with ❤ on the BookLeaf Publishing Platform
www.bookleafpub.in
www.bookleafpub.com

# Dedication

*' पंख परिणीति '* मेरे स्वच्छंद विचारों की उड़ान है। जीवन की भाग दौड़ में यह काव्य संग्रह वह विश्राम स्थल है जहां मैंने स्वयं से मिलने का प्रयत्न किया है । यकीनन मेरे जीवन की भाग दौड़ में मेरा मस्तिष्क हृदय का सारथी बन चला है परंतु इस रचना में मेरे हृदय ने अग्रणी भूमिका निभाई है।

यह काव्य संग्रह पूर्ण रूप से राधा कृष्ण के उस युगल जोड़े को समर्पित जिन्होंने मुझे इस काव्य रचना का हृदय व बुद्धि बल प्रदान किया। इस रचना का हर भाव मेरे सर्वस्व गिरिधर के चरणों में समर्पित जो ईश्वर होकर भी मेरी हर ज़िद के आगे झुकना जानता है। उन नटवर नागर के चरणों में समर्पित जो मेरे हर प्रश्न का समाधान है। जिस प्रकार एक चींटी उड़ने की काबिलियत न होने पर भी यदि चिड़िया के कंधों का आश्रय ले ले तो उस पर बैठ उस ऊंचाई की अनुभूति कर पाती है जो कल्पना से हास्य योग्य और नामुमकिन प्रतीत होती है ठीक उसी प्रकार *'पंख परिणीति '* की हर उड़ान उस अव्यक्त चिड़िया पर आश्रित हुए भरी गई है।

रहीम जी ने उचित ही कहा है -

*देनहार कोई और है, भेजत जो दिन रैन,*
*लोग भ्रम हम पर करें , तासु नीचे नैन ।।*

# Dedication

# Preface

मानव मन संवेदनाओं का सागर है, इसमें हमारी भावनाएं तरंगों की तरह कंपित होकर उमड़ती घुमड़ती रहती है। भावनाएं जब हृदय के अंतस्थ को छुती हुई काव्य के रूप में होठों पर आती है उसी में सरस काव्य की रचना होती है ।इन प्रस्तुत कविताओं में मानव स्वभाव का प्रकृति के साथ तादात्म्य रखते हुए समाज में व्याप्त विषमताओं के बीच भी मानव मन को संतुलित रखते हुए आत्मविश्वास के साथ आनंद से जीने की प्रेरणा देने का मेरा तुच्छ प्रयास किया गया है । जिस प्रकार तराजू के एक पलड़े पर अधिक भार तो कोई बालक भी रख सकता है संतुलन करने के लिए बुद्धि बल व चेतना की आवश्यकता होती है ठीक उसी प्रकार जीवन रूपी रण में संतुलित जीवनशैली एवं विचारों का होना अति आवश्यक है । उम्मीद है कि पाठक

'*पंख परिणीति* ' के माध्यम से मानव संवेदनाओं का रस स्वादन करते हुए मुझे पुनर्बलन प्रदान कर अनुग्रहित करेंगे।

# Acknowledgements

अमीरी गरीबी, ऊंच नीच, सुख-दुःख का अस्तित्व होते हुए भी मानव मन की चाह आनंद प्राप्ति की होती है।मेरी काव्य रचना का उद्देश्य न तो यश कमाना और न ही धन कमाना है। मेरी काव्य रचनाऐं पढकर पाठक के मन में आत्मीयता, स्नेह व साधारणीकरण की अनुभूति हो इसी में मेरे काव्य की सार्थकता है। आधुनिक युग की भागा दौडी, पारिवारिक तनाव ,आर्थिक मजबुरियों व अवसाद की गहरी घटाओं के बीच मेरा काव्य आनंद की अमृत वर्षा कर उस पीडित मानवता के मन में आत्मविश्वास पैदा कर एक सार्थक संबल देकर त्राही से मिटाने का प्रयास कर सके यही इच्छा मेरी प्रेरणा स्रोत है । मेरी रचना संग्रह यदि एक भी पाठक के हृदय पर दस्तक देकर उसके पंखों को परिणीति प्रदान करने में सक्षम सिद्ध होती है तो मैं अपने समय व श्रम के निवेश को सफल समझूंगी।

# 1. व्याकुलता

अधर्म हँसा है आज मेरे धर्म पर
असत्य जीता है आज मेरे सत्य से
भ्रम विजित है आज मेरे विश्वास पर
जश्न है मना आज अधर्म का
मायूस बैठा आज मेरा धर्म है ।

जब नारायण तुझे है चुना मैंने
कभी सारथी बन आगे तो
कभी सहारा बन पीछे तो
कभी मित्र बन साथ तू चला है मेरे
तो क्यों इतनी निशक्त आज मैं ?

जीवन की पतवार जब तेरे हाथ में
तो क्यों हूँ भंवर में मैं
क्यों आज निर्भीक हुई हर बुराई
और विकृत हुई हर अच्छाई
हर पत्ते की दशा जब तू तय करे
तो मैं दिशा विहीन क्यों ?

तू मेरे लिए मेरा सब कुछ
और मैं तेरे लिए कुछ नहीं क्यों ?
हर चाहत में जब तू है
तो मेरी चाहत अधूरी क्यों ?

असुर के साथ खड़ा हर व्यक्ति जब आसुरी
तो तेरे साथ खड़ी मैं तेरी परछाई क्यों नहीं
हर श्वास में जब नारायण तू है
फिर हर श्वास इतनी विचलित क्यों ?

# 2. नारी

कृष्ण के लिए राधा का प्रेम हूँ मैं
राम के लिए सीता का समर्पण हूँ मैं
शिव के लिए सती की तपस्या हूँ मैं
भावों का वह समुंद्र हूँ मैं
जिसकी मात्र एक नदी हो तुम
विधाता की सर्वश्रेष्ठ कृति हूँ मैं ।

यह समाज पुरुष प्रधान न जाने कैसे हुआ ?
है जो मेरा ही अंश
वो भला मुझसे प्रधान कब हुआ ?
मेरा मुझे ही पुनः लौटाकर
इठलाते हुए उसे अधिकार कहकर
अपनी वाणी से स्वयं को दाता
और मुझे याचक सा मान लेते हो
तुम्हारी उसी वाणी का पहला शब्द
माँ हूँ मैं ।

अपनी आंखों से लिहाज़ के पर्दे को बेआबरू कर
मुझे पर्दे में रहने की नसीहत देते हुए तुम
एक हारे हुए मनुष्य लगते हो जो हारे
खुद की मनःस्थिति से
दोष दे कभी मेरे लिबाज़ को तो
कभी घड़ी की सुइयों को।

प्रकृति बन जो सदैव देना है सीखा मैंने
आपदा बन वो सब कुछ हर ले जाऊंगी
मेरी चुनर जो हुई मैली
तो पाक तुम्हें भी मैं रहने ना दूँगी।

पुत्र बन आओगे तो माँ यशोदा का वात्सल्य पाओगे
पिता बन आओगे तो जनक सा आधार पाओगे
पति बन आओगे तो तुम्हारे लिए सती भी बन जाऊंगी इंसान तो क्या
तुम्हारे लिए
सावित्री बन ईश से भी टकरा जाऊंगी।

पर जो तुम दुर्योधन बन आए
तो गवाह है इतिहास
महाभारत फिर मैं दोहराऊंगी
तुम्हारे लिए द्रोपदी का प्रतिशोध बन जाऊंगी
बुझाए ना भुजे ऐसी आग तुम्हारे जीवन में लगा जाऊंगी।

दिया हूँ मैं प्रज्वलित करने दो
अपनी करुणा से मुझे इस संसार को
ना तुम ऊंचे न छोटी मैं हूं
अर्धनारीश्वर सा है स्वरूप हमारा
परमात्मा प्रकृति के बिना है अधूरा
जैसे तुम मेरे बिना।

रिश्तों के इस ताने-बाने में
मर्यादा तुम रखो
लाज मैं रखूंगी

**सम्मान की मूरत तुम बनो**
**समर्पण की रूह मैं बन जाऊंगी।**

# 3. मैंने चाहा है

मैंने देखा है बड़े-बड़े सपनों को
छोटे-छोटे पत्थरों से टकराते हुए
दुनिया में हर जंग जीते हुए को
अपनों से हारते हुए ।

मैंने देखा है सबके सामने खिलखिलाते चेहरों को
अकेले में रोते हुए
मैंने देखा है इंसान के पल-पल
बदलते रूप को ।

मैंने पाया है सफलता के भरे पूरे परिवार को
और असफलता को अनाथ सा
मैंने पाया है हँसते हुए चेहरों की रोशन महफिलों को
और आंसुओं की तन्हा शामों को।

मैंने पाया है की तन्हाई हमारे पास लोगों की
गैर मौजूदगी का नाम नहीं
हमारे इर्द गिर्द मौजूद लोगों में हमारी
गैर दिलचस्पी का नाम है।

मैंने चाहा है कोई ऐसा, जो सही गलत से परे हो
सही पर अपनाना और गलतियों पर दूर कर देना
ये तो सब करते हैं
मैंने चाहा है कोई ऐसा जो खूबियों को सराहे मेरी

पर एबो की तोहीन ना करे।

मैंने चाहा है कोई ऐसा जो जब हाथ थामें
तो कभी न छोड़ने के एहसासों से
जो सही होने पर हाथ थामें और लबों से मुस्कुराए
जो गलत होने पर हाथ थामें और आंखों से खूब डांटे।

हो कोई जो मेरे अश्कों पर खुद भी रोए
हो कोई जिसकी भूख मेरे निवाले से हो जुड़ी
हो कोई जिसकी जरूरत नहीं
जिसे जरूरी बनूं मैं ।

प्यार से पुकारने पर तो हर कोई गले लगाता है
हो कोई तो जो गुस्से में भी मुझे अपनाए
उगते सूरज को सलाम करना
और डूबते सूरज को पीठ दिखाना दस्तूर है इस दुनिया का ।

मैंने चाहा है कोई ऐसा जो रात के अंधेरों में भी
जुगनू सा रोशन कर दे जहां मेरा
इस भरी दुनिया में इस दुनिया से परे ढूंढना
आदत सी है मेरी
हो कोई तो जो मेरी इस आदत को
अपनी आदत सा बना दे।

# 4. मेरी ज़िद

ज़िद है कुछ महान कर जाने की
डर है तो बस आम रह जाने का
ज़िद है खुद से मिलने की
डर है तो बस खुद से खफा हो जाने का

बेटी ,बहन ,दोस्त से बढ़कर
ज़िद है एक मिसाल बन उठने की
कुछ पल ही सही
ज़िद है अब खुद से मिलने की

ज़िद है उस आज़ादी को पाने की
चाबी जिसकी है अनजाने हाथों में
ज़िद है सब कुछ पाने की
खोने का कुछ भय नहीं
चूंकि साथ मेरे कुछ था ही नहीं

जब सब कुछ पाया यहां
जो कुछ खो गया तो क्या ?
इस खेल में मैं हर बार जीती
जो कभी हार भी गई तो क्या ?

जब तक रूह में है जान
ज़िद है चलने की
ज़िद है गिरने की

ज़िद है फिर संभलने की
चूंकि हारा वो नहीं जिससे कोई जीत गया
हारा तो वो जो लड़ा ही नहीं

ज़िद है मशाल बन उठने की
डर है तो बस खुद की लौ यूं ही व्यर्थ गंवाने का
ज़िद है स्वयं की निर्बलताओं के नाश की
नफरत है मुझे अपनी हर निर्बलता से
इतनी जितना इश्क नहीं अपने खुदा से

वादा नहीं कि नहीं गिरूंगी कभी
वादा नहीं की खुद को दूंगी दोस्त हजार
वादा नहीं की प्रेम पा लूंगी सबका
वादा है तो बस उस दिन का

शीशे में जब स्वयं को देख गले से लगाने का
क्योंकि ज़िद है दुनिया से नहीं खुद से जीतने की
ज़िद है खुद से जो नज़रे मिला पाऊं
उस जिंदगी को सदा संजोह कर रखने की।

# 5. काश

कभी-कभी सोचती हूं कि.....

काश जिंदगी एक कठोर गुरु की बजाय
एक कोमल मां होती
काश जिंदगी छोटी-छोटी ख्वाहिशों के व्यापार में
हमसे हमारी उम्र की रौनक न छीन लेती।

काश इंसानी रूप को यह दुनिया
एक आजमाइश की बजाय
एक ऐसा लोक होती
जहां हर ख्वाहिश पूरी की जा सके।।

काश जिंदगी कभी मुझे यूं
काश लिखने का मौका ना देती
हमेशा से मैं यह मानती थी कि
इंसान को वह सब कुछ मिलता है
जो वह दिल से चाहता है
काश जिंदगी मेरा यह भ्रम कभी न तोड़ती ।

काश जिंदगी हर इंसान को
खुद से प्यार करने के बेशुमार मौके देती
काश कभी किसी को अपनी हँसी से
अपने आंसुओं को छुपाना ना पड़ता ।।

काश वह दिल ही ना होता जिसमें इतने सारे सपने हो
या वह सपने ना होते जिन्हें पनाह बरसों से यह दिल दे बैठा
काश वह ईश्वर मेरा भी उतना ही होता जितनी मैं उसकी हूँ
काश मेरे पास भी कुछ ऐसा होता
जो गर्व से उसके श्री चरणों में अर्पित कर पाती ।

काश उपयुक्त समय और अनुभव
दुश्मन नहीं पक्के दोस्त होते
काश किसी जुबान पर
काश जैसा कोई शब्द ही ना होता।।

# 6. कभी-कभी

आंसू वो छू जाते हैं ,
जो बहते कभी-कभी ।
जब आती है खुशी कभी-कभी,
और गम भी कभी-कभी ।

तो फिर कैसे अच्छे लगे बार-बार,
मृत्यु पर रोते सभी क्योंकि ।
वो आती है कभी-कभी ,
जन्य शिशु पर खुशियां मनती ।
क्योंकि यह मौका आता कभी-कभी,

गलती वह क्षम्य होती है ।
जो होती कभी-कभी ,
क्षमा मूल्यवान कहलाती,
जब कोई मांगे कभी-कभी।
अति बुरी और भारी लगती है,
हर चीज की ।

प्यार में रूठना मनाना मुनाजिब है ,
पर अति रूठने की बुरी है ।
अधिकार का अभाव दर्शाती है ,
अति मनाने की भी बुरी है ।
आपसी समझ का अभाव दर्शाती है ,
वही अच्छा लगता जो होता कभी-कभी ।

दाम बढ़ते हैं उस चीज के जो मिलती कभी-कभी ,
कद्र पैदा करती है अल्प दृश्य चीजें अपनी ।
आंसुओं को पोंछने वाले हाथ बढ़ते हैं कभी-कभी ,
क्योंकि आंसू वो छू जाते जो बहते कभी-कभी ।

# 7. अधूरापन

है कुछ तो जो अधूरा सा है
न जाने क्यों न जाने क्या पर
है कुछ तो जो अधूरा सा है
जैसे लिबाज़ में लिहाज़ की कमी
जैसे आंखों में हो हल्की सी नमी
जैसे बातों में एहसास की कमी
जैसे पन्नों पर हो बारिश की बूंदों सी नमी

चित्र हो एक ऐसा तुम
जो आंखों को भाए पर मन को नहीं
गीत हो एक ऐसा तुम जो लए ताल से बेशुमार है
पर दिल को छूता ही नहीं

बचपन में मांगा वह खिलौना हो तुम
जो आज दुआ में कुबूल हुआ है
पांव में बंधी पायल की वह झंकार हो तुम
जो अब सन्नाटे में डराती है मुझे

मेरी पलकों पर बैठा वो ख्वाब हो तुम
जो उत्साह प्रेम और उम्मीद से था बुना मैंने
आज लगता है समय ने सब सौंक लिया
अपनी गिरह में रह गए अब बस तुम हो

तुम्हें पाने की कोशिश में काफी ऊंची उड़ान भरी है मैंने

पर अब तक न तुम मिले न जमीन पर मेरे पांव हैं
कुछ भंवर में इस कद्र फंसी हूँ कि
मानो खुद की ही बंधी हूं मैं

एक ऐसी उम्मीद हो तुम
जिसके कारण घायल हूँ
या यूं मानों जिससे जिंदा हूँ मैं
तुम्हारे साथ रहना मुश्किल
तो तुम्हारे बिना जीना
बेमतलब सा है
ये अधूरापन तुमसे
तो इसकी पूर्णता भी तुम हो ।

# 8. न मानूंगी हार कभी।

ना मानूंगी हार कभी चूंकि
मैं वो हवा नहीं जिसका रुख तुम बदलोगे
मैं वो आंधी हूँ जो तुम्हारी दिशा बदलेगी

मैं वो बाती नहीं
जिसे हवा तुम्हारी बुझाएगी
मैं वो भीषण लपट हूँ जिसे हवा मेरी भड़काएगी

मैं वो जल नहीं
जिसे नाव तुम्हारी चीरेगी
मैं वो लहर हूँ जो हर नाव से जीतेगी

मैं वो दिवस नहीं
जिसकी अंधियारी रात तुम बनोगे
मैं वो दिवस हूँ जिसकी हर रात पूनम होगी

मैं वो माटी नहीं
जिसे तुम रौंदोगे
मैं वो माटी हूँ जिसके महल होंगे निर्मित

तुम क्या रुकोगे मुझे ?
तुम वह पहली हो
जिसे भुज मैं हर पल जीतूंगी

मेरे दो चार पंख टूटे भी तो मैं उड़ना ना भूलूंगी कभी
जीऊंगी प्रेम बनकर
मरकर प्रेरणा बनूंगी
क्योंकि मैं ना मानूंगी हार कभी।

# 9. जरूरी तो नहीं।

झूठ एक मुखौटा है,
इसे पहनना ज़रूरी तो नहीं ।
अपनी सत्यता को सिद्ध करना ,
ज़रूरी तो नहीं ।

जो हम सोचें,वही हो रज़ा खुदा की ,
जरूरी तो नहीं ।
हर क्षण प्रशंसिक कैदी बनना,
ज़रूरी तो नहीं ।

अपनी पहचान औरों के लिए बदलना ,
जरूरी तो नहीं ।
सदैव औरों के लिए आशान्वित रहना,
ज़रूरी तो नहीं ।

नदी में नीर , नभ में नील ।
धरा में धीर ,गिरी में गंभीर ।।
सत्य मे शील ,ऊष्मा में ऊर्जा ।
बसंत में बहार ,मानव में मानवता।।
तो ज़रूरी है ।

पर यह समझ जाना की ।

क्या ज़रूरी नहीं?
क्या मानवता की पहचान नहीं?

# 10. मैं कौन हूँ?

**मैं कौन हूँ?**
**ये रोजमर्रा के तीन शब्द,**
**बना गए मुझे निशब्द ।**
**अदम्भ का मैंने छोड़ा रट,**
**दिल के खोल सारे पट ।**

**न मैंने आसपास तांका ,**
**अब तो बस स्वयं में झांका ।**
**मिले कुछ जवाब आत्म से,**
**न पहचाना था वो बोला आज मुझ से ।**

**देखो मैं वो हूं,**
**जो खोजे मत्स्य को वनों की हरियाली में ।**
**जो खोजे खग को नदियों की गहराइयों में ,**
**जो खोजे सूर्य की किरण को बर्फीली वादियों में।**
**जो खोजे घरौंदे रेगिस्तान रेत में ,**

**जो खोजे ईश को मंदिर , मस्जिद , गिरजाघर में ।**
**जो खोजे चांदनी को अमावस्या की रतिया में ,**
**अंत में गहव्रों से मैंने सुना केवल इतना ।**

**मैं कुछ नहीं,**
**एक अज्ञानी हूं।**

# 11. माँ

मेरी सांसों की पहली डोर ने
मुझे जन्मों के लिए बांधा है तुझसे माँ
इस जग में तेरी ममता ने
जीना सिखाया है माँ

तेरी सूरत ने मुझे
सुकून दिया है हर पल माँ
तेरे रूप में ईश ने
मुझे जन्नत है दी माँ

ईश के लिए आभार का
कारण तू है माँ
चिलचिलाती धूप भी
तेरे संग भोर सी लगती है माँ

रात का अंधियारा भी
तेरे संग चांदनी सा शीतल लगता है माँ
दुनिया दिखाई है सब ने
मेरी दुनिया खूबसूरत बनाई है तूने माँ

चेहरे की हँसी हँसना सिखाया है सब ने
आंखों की हँसी  तेरे संग है माँ
तेरा रूप छलनी सा है माँ
छान लिया है मेरे हर दुःख को जिसने

माँ तू है क्या ?
अल्फाज मेरे बयान कर नहीं सकते माँ
जीवन बाद में पहले तू है माँ

मेरी हर राह में सूरत है तेरी
मेरी हर बात में चाहत है तेरी
रास्ते भले ही लंबा हो
मुझको लेकिन थका नहीं सकता माँ

जब तक साथ रहेगा तेरा
यह जमाना मुझे बुझा नहीं सकता माँ

# 12. तुम मेरे दोस्त नहीं हो सकते।

तुम मेरे लिए मेरी ग़ैर मौजूदगी में लड़ नहीं सकते
जैसे मेरे कृष्ण लड़े अर्जुन के लिए
तुम्हारी आंखों में मेरे लिए वह मान नहीं
जो कृष्ण की आंखों में था द्रोपदी के लिए

तुम मेरी मुस्कान के पीछे छिपे
मेरे गम को देख ही नहीं पाते
जैसे मेरे कृष्ण ने सुदामा के देखे थे
तुम गैरों की महफिल में
मुझे अपनापन महसूस नहीं करवा पाते।

मेरे हर खिले हुए फूल को स्वीकारा है तुमने
पर मेरे दिए मुरझाए फूलों को रौंद गए तुम
ना जाने क्यों तुम मेरा वह भरोसा जीत नहीं पाते
जो नींव है हर मित्रता की

इस जमाने में मेरे लिए तारीफ भरे अल्फ़ाज़
तुम सुन ही नहीं पाते
जब बजती है मेरे लिए कभी तालियां
तो क्यों उस शोर में तुम्हारे हाथ थमे रह जाते हैं

तुम पंख नहीं बेड़ी हो मेरे पांव की
तुम सब कुछ हो सकते हो
पर तुम मेरे दोस्त नहीं हो सकते।

# 13. मेरी इक भूल

जीवन है इक छोटी डगर ,
मैं इसमें भूली अपना घर ।
जीवन की भागदौड़ में ,
लोगों की बातों में।
न थी ली रुचि कभी,
मैं तो थी वह जो ढूंढे ।
हर पल में खुशी ,

लेकिन आज ये क्या हुआ ?
जो बातें थी अनसुनी ,
आ बैठी वो मुझमें समा।
चाहा न था जिसे देखने,
वो मैं आज कर बैठी।

आज हावी हुआ मेरी पुण्यात्मा पर,
दुराचारी दानव इक।
भूल कर बैठी मैं ,
दिल औरों का तोड़ बैठी मैं।
हूँ मैं मानव अहंकारी।

कर बैठी कृत्य दुराचारी ,
भूल हुई मुझसे,
यह जान मैं गलत हूँ ।

पर्दा सफेद मैं औढ बैठी,
शब्दों के हेर फेर में ,
देने लगी अपनी पुष्टि मैं ।

अपने थे मेरे वे मेरे,
झूठ को मान साँच मेरे।
किया मैंने तर्क वितर्क ,
ठहराया मैंने औरों को बेतर्क ।

वो मेरी एक भूल को ,
मान बैठे सच इक ।
खुश थे वो पर मैं दुःखी,
सुख ढूंढने पहुँची मैं प्रभु के समीप ।

जाना खफा है आत्मा मुझसे ,
बन ना पाई मेरी पुष्टि उसकी तृप्ति ।
गलत ठहराती मुझे,
वो थी खफा मुझसे।

दुनिया से तो जीत ली मैं ,
पर हारी मैं आज स्वयं से ।
छोड़ हर अहंकार को,
स्वीकार लिया मैंने हुई
मुझसे एक भूल।

# 14. कब बनेंगे ये हाथ हृदय का प्रमाण ?

**सत्य,अहिंसा, त्याग,गंभीरता**
**क्षमा,दान,सहयोग,निडरता**
**है मानव मूल्यों का प्रमाण**
**बसता है जो हर प्राणी के बन प्राण**

**ज्ञानी है मानव मात्र इतना**
**जान गया सही गलत में भेद खींचना**
**पर क्या है इस ज्ञानता का प्रमाण?**
**क्यों मानें हम मानव में बसते श्रेष्ठ प्राण**

**कलयुग हृदय नहीं देखता,न मानता**
**सदाचार है कितना किसमें हृदय नहीं बताता**
**कौन साधु है या लुटेरा**
**कर्म है मात्र प्रमाण सदाचारी हृदय का**

**तो क्यों ना शुरू करें आज से**
**वक्ता नहीं कर्ता बने दिलोजान से**
**जो बसा है सदाचारी हृदय में**
**बना दे हाथों को प्रमाण उसका**

**फिर मिटा गरीबी, हिंसा और भ्रष्टाचार को**
**अपने कर्मों से खींच लाएं उड़ती सोन चिड़िया को**
**सदाचारी बने नहीं सदाचार हम करें**

**दर्शन करें हर प्राणी में फिर इक साधु का।**

# 15. मैं ही क्यों?

सदियों से यह समाज है पुरुष प्रधान
सदैव दिया है मेरे उन्मुक्त पंखों को काट
पर क्या आज पूछूं मैं कुछ सवाल
मैं ही क्यों कहलाई अबला नारी ?
मैं ही क्यों लाई रात अंधियारी ?
माता-पिता भाई हो या सासु
मैं ही क्यों बनी इन सब के आंसू ?
मैं ही क्यों कहलाती डायन या कुलटा ?
मैं ही क्यों मायका छोड़ ससुराल जाती ?
मैं ही क्यों भीषण लपटों में झुलसु ?
मैं ही क्यों सहूं दानवी दुराचार ?
मैं ही क्यों सहूं सब का अत्याचार ?
मैं ही क्यों पति में परमेश्वर खोजती ?
मैं ही क्यों आज तुमसे पूछती यह सवाल ?
क्या तुम्हारे ह्रदय में सुप्त थे यह सवाल ?
मांगे ना जवाब किसी ने उन इंसानी मुखोटे से
इसलिए मैं आज सोचती किससे जोडू नाता
किसे मानू अपना किसे कहूं अपनी यह व्यथा
पति कहता चली जा मायके और मां कहती ना बेटा ना
तू तो है पराया धन न कोई हाथ है जो मेरे साथ है
आज तुम भी कहां दे रहे मेरा साथ
अब बन चुकी हूँ कागज का एक फूल
ना अपनी खुशबू ना कोई रंग
अब बन चुकी हूँ एक कठपुतली

जकड़ा है डोरियों ने मुझे एक नहीं अनेक है मेरे संचालक पर ना
मानूंगी मैं हार
जब तक तुम देते ना मुझे बता
मैं ही क्यों ?

# 16. कहाँ लुप्त हुए त्यौहार?

समुद्र बन हमारे देश ने
समावेश किया भटकती नदियों का
अतिथियों के सत्कार की
परंपरा है यहाँ पुरानी

सुबह जब निहारा मैंने
स्वच्छ था समुद्री जल
सायं चखा जब मैंने
तो खारी हुई जुबान मेरी

संस्कृतियों का उलटफेर
सारे त्यौहार हुए बेहाल
बुझ गई लड़ियाँ दीपों की
अब दिवाली है विस्फोटों का नज़ारा
लुप्त हुई फूलों की महक
खेल रहे खून की होली हम

ईद पर जिस भाई को गले लगाते
काट उसे आज हम खुशियाँ मनाते
क्रिसमस पर हम भूले दान-पुण्य
और क्लबों को कर रहे शोभित

आ गई घर में कार
पर लुप्त हुए हमारे संस्कार

बरसों से जिसे पाला पोसा
आज वह पूछता
क्या मेरा तुझसे नाता ?

प्यार, समर्पण ,मोहब्बत की
हर आदमी लिखता अपनी परिभाषा
नवरात्रि, रोजा या तीज रखकर
क्या कर लिया महान?

जब समझ ना पाए इंसान को
तो क्या पा लिया महान?
मनु की संतान हो मार काट इक दूजे को
बलि पुत्र की हम उस पिता को चढ़ाते

अरे ! ठहर जरा सोच कहाँ चला ?
तू तो वहीं जहां था पहले
मझदार में तू तो खड़ा,
खींच ले दलदल तुझको बाहों में अपनी
थाम तेरे भाई का हाथ

ना अब तू पूछ धर्म-कर्म उसका
अपना कर उसे फिर इक बार
चरितार्थ कर वसुधैव कुटुंबकम।

# 17. बंधन

मैं जानती हूँ मेरी हर गलती का बड़ा हिसाब रखते हो तुम
मैं जानती हूँ मेरे अपनेपन को बंधन मानते हो तुम
खुदा के जिस दर पर तुम्हारे होने का मैं शुक्र अदा करती हूँ
तुम हर उस दर पर मेरी शिकवों की कतारें सुनाते हो ।

मैं जानती हूँ प्यार तो करते हो मुझसे
पर मेरे प्यार की बखूबी आज़माइश करते हो
बिन बोले मैं तुम्हें समझूँ ये तो खूब चाहते हो
पर मेरे बोले अल्फ़ाज़ भी तुम समझ नहीं पाते।

मैं जानती हूँ मेरी हर गलती को मुझसे ऊपर रखते हो तुम
प्रेम तो एक हो जाने का नाम है
भला स्वयं से स्वयं को हराकर
ये कैसा जश्न मनाते हो तुम ?

फर्क है तुम्हारी और मेरी वफा में
मैं ज़रूरत हूँ तुम्हारी तुम ज़रूरी हो मुझे
जानते हो मेरा प्रेम उस बेफिक्र पंछी की तरह है
जो अपने घरौंदे को तुम्हारे भरोसे छोड़
उन्मुक्त गगन में पंख फैलाकर उड़ता है
तुम्हारा प्रेम उस नीड़ की बाहों की तरह
जो ज़रा से तूफान में ला ज़मीन पर गिराता है ।

तुम जो कहते हो खास नहीं हूँ मैं

सच है तुम्हें अपनी जिंदगी में शामिल करने के अलावा
यकीन मानो बाकी सारी चीजें खास ही की है मैंने
खुद पर जो यकीन है मुझे उसे गुरुर समझते हो
खुद से जो मोहब्बत है उसे खुदगर्ज़ी का नाम देते हो ।

मुझे मेरी नज़रों में गिराने की कोशिशों में
न जाने तुम कितनी बार गिर जाते हो
समझ जो पाते तुम मुझे तो
रूह में बसा लेती तुम्हें
पर अब तो नजरों ने भी आंसुओं में बहा
तुम्हें पनाह देने से इन्कार जताया है।

# 18. माँ मैं कब आऊँ ?

मां के ममत्व को पाने तरसे मेरे नैन,
उसकी एक झलक से पहले कहाँ मुझे चैन?
नौ माह उसके संग पीड़ा मैंने भी सही,
लेकिन यह क्या?

मैं तो फिर असफल रही,
भ्रूण परीक्षा के जटिल सवाल ।
मैं न कर पाई पार,
माँ आज तू मेरी सुन।

क्या अब भी तू मुझे पहचान न पाई ?
मैं हूँ तेरे घर की छाँव।
मैं हूँ तेरे घर की लक्ष्मी,
मैं हूँ उस पथरीली देवी के प्राण ।

मैं हूँ वह टूटता तारा ,
मैं हूँ किरण उस सूर्य की।
जिसे पूजती तू रोज है ,
फल फूल चढाती ।

जब मैं आई तो,
तू मुझे छुरी से डराती।
मैं हर पल तुझे निहारती ,

घर में जब कल भैया आए ।
चीख रही थी मैं माँ ,
पर नगाड़ो की आवाज़ में
सुन न पाई तू मेरा अधिकार।

माँ तू क्या सोचती?
तेरे इन कातिल हाथों से ।
मेरी रक्त की खाद में।
जो बीज तूने बोए

क्या पत्थर को चीर वे
गायेंगे तेरे घर में गीत ?
ना माँ ना ।
तूने इस नन्ही जान को दबाया
तेरे घर में खुशी के फूल कैसे खिलेंगे?

## 19. प्रकृति संदेश

जीवन के यह खूबसूरत पल,
फिर क्यों हम टालें कल ।
नदियों का यह कल कल ,
हवाओं का यह फर्र फर्र ।
देता है हमें संदेश हर पल,

प्रकृति की अतुल्य, अनुपम रीत ।
छुपी है हर कण के भीत,
जल, मानव, पंखी, माटी या प्रभात ।
जो कोई अमल करे इसकी बात ,
क्षणभंगुर हो भी बन जाए वह सबका मीत ।

खालीपन प्रकृति ने गंवारा कब ?
खाली हुआ घाट से जलाशय जब ।
दौड़ आया चहूंओर का जल भरने उसे तब,
ग्रीष्म ने भगाया वायु को जब ।
तत्क्षण अधड़ आया तब ,

अर्थ है इसका मात्र एक ,
प्रकृति ने संवारा एक समय में एक।
फिर बोझ में दबे क्यों हम अनेक ,
विचार हो हमारे नेक लक्ष्य हो एक।
फिर प्रकृति और हम बनकर एक ,

गाढ़ लें इतिहास में एक तीर नेक ।

# 20. इक मौका दे दो।

ना है धन, ना कोई पुश्तैनी यश
पर है मुझ में आत्मविश्वास
कुछ कर गुजरने का
आसमान को छू लेने का
बस इक मौका दे दो।

अभी तो हूँ मैं रेगिस्तान रेत
पर है मुझ में जोश
अधेड़ बन उठने का
बस इक मौका दे दो ।

अभी तो हूँ मैं दीपक
निहार रहा जगत की लीला
पर है मुझमें दृढ़ता
मशाल बन जल उठने की
बस इक मौका दे दो।

अभी तो हूँ मैं पानी की इक बूंद
अनुभव लेती में घाट-घाट का
पर है मुझमें निपुणता
सीप के मुँह में जा मोती बनने की
बस इक मौका दे दो।

अभी तो हूँ मैं बीज एक

सहती हूँ ऊष्मा और अंधेरों के प्रहार
पर है मुझमें विशालता
एक परोपकारी वृक्ष बनने की
बस इक मौका दे दो।

ना समझो मुझे निशक्त ,
चूंकि मेरे हाथ में है वो हाथ ।
जो मिलता बड़े भाग्य के साथ ,
तुम्हारे भरोसेमंद मौके को ।
मैं बनाऊंगी अवसर एक,

सूर्य की तरह जल उठ मैं।
इस जगत को रोशन कर दूंगी ,
बस इक मौका दे दो।

# 21. कान्हा

आज तुझे समर्पित करने विश लाई हूँ *कान्हा*
स्वयं से अधिक समर्पित करने योग्य मेरे पास कुछ नहीं
आज कुछ विषैली हो आई हूँ
तूने मेरी हर नासमझी का पान किया है
आज फिर वही भोग तेरे लिए लाई हूँ
आज तेरी चौखट पर अपना वह स्वरूप लाई हूँ
जो मुझे स्वीकार्य नहीं
मेरे *कान्हा* क्या तू मात्र इस मंदिर में है
जिसके द्वारा खड़ी हूँ मैं
ना कान्हा ना
तू तो मेरे हृदय के उस अंधकार में है
जिसे देख मेरी रूह कांप सी गई
जब भाग जाना चाहा मैंने
तब तू उस द्वार में आ बसा
जो मुझे बेड़ियों में बांध बंद हो गए
इसलिए नहीं की भययुक्त हो जाऊं
पर इसलिए की सदा के लिए भयमुक्त हो जाऊं
तू मेरी उन पलकों में है
जिसे चाहकर भी मैं बंद न कर सकी
तू जानता था कि आज जो भाग गई
तो यह भय किसी और रण में मुझे हराएगा
पर आज मुझे विजित कर
तूने हर रण हर जीत मेरे हिस्से की है
तू मेरे उस क्रोध में है

जो मन चाहा न होने पर
मैंने तुझ पर दिखाया
मेरा क्रोध सहकर भी
मनचाहा ना सही पर मनहित किया है तूने
अंधकार, क्रोध, भय रूपी विष लिए मैं आज
तेरे समक्ष खड़ी हूँ
क्योंकि तू मेरे उस समर्पण में है
जिसे विश का भोग लगा
अमृत प्रसाद पाने आई हूँ
मुझसे अधिक मेरा मान किया है तूने
जानती हूँ सिर्फ मुरली की मधुरता नहीं
सुदर्शन का शौर्य भी देना चाहता है तू मुझे
मुझे मैं नहीं मुझमें बसा तू प्रिय है
मुझे मेरी वह मुस्कान प्रिय है
जो तेरे दर्शय पर स्वतः आती है
मुझे मेरे वह अश्रु प्रिय हैं
जो तेरे विरह में स्वतः बहते हैं
मुझे मेरा वह अधिकार प्रिय है
जो तुझ पर स्वतः ही मैं जताती हूँ
मुझे तेरी वह प्रेम भरी नजर प्रिय है
जो सदा मुझे प्रेम से अपनाती है
मुझे तेरी वह क्षमा प्रिय है
जो तू मुझे दिखाता है
*कान्हा* मुझे मुझमें बसा तू प्रिय है।

www.ingramcontent.com/pod-product-compliance
Lightning Source LLC
Chambersburg PA
CBHW070649240926
51846CB00003BA/848
* 9 7 8 9 3 7 5 1 0 9 0 3 7 *